GUIDA PRATICA ALLA PROGRAMMAZIONE SQL PER PRINCIPIANTI.

Contenuto

Cos'è SQL (Structured Query Language)?

Un linguaggio di programmazione definito chiamato SQL, che sta per Structured Query Language, viene utilizzato per gestire database relazionali ed eseguire varie operazioni sui dati che contengono. Originariamente sviluppato negli anni '70, SQL è comunemente utilizzato da amministratori di database, programmatori che creano script per l'integrazione dei dati e analisti di dati che impostano ed eseguono query analitiche.

I seguenti usi di SQL:

I Relational Database Management Systems (RDBMS) consentono agli utenti di modificare le strutture delle tabelle e degli indici del database, aggiungere, aggiornare ed eliminare righe di dati e recuperare sottoinsiemi di informazioni. Queste azioni possono essere utilizzate per l'elaborazione di transazioni, applicazioni analitiche e altre applicazioni che richiedono l'interazione con un database relazionale.

Gli utenti possono aggiungere, modificare o recuperare le informazioni contenute nelle tabelle del database utilizzando query SQL oltre ad altre operazioni che in genere assumono la forma di comandi.

La parte più basilare di un database è una tabella, che contiene righe e colonne di dati. Ogni record è gestito in un'unica riga della tabella ed è contenuto in un'unica tabella. Il tipo più comune di elemento o struttura del database relazionale che memorizza o fa riferimento ai dati sono le tabelle. Ecco alcuni altri tipi di elementi del database:

Le informazioni contenute in una o più tabelle di dati sono rappresentate logicamente da viste.

Le ricerche nel database potrebbero essere velocizzate utilizzando tabelle di ricerca indicizzate.

Le informazioni di determinate tabelle, spesso un elemento di tali informazioni selezionate in base a criteri di ricerca, vengono utilizzate per generare report.

Ogni riga di una tabella contiene un valore di dati per la riga che interseca e ogni riga di una tabella corrisponde a un tipo di dati, ad esempio il nome o l'indirizzo di un cliente.

Dov'è l'origine dati di SQL Server?

Aprire il progetto o connettersi al database che contiene la vista origine dati che si vuole usare per trovare i dati in SQL Server Data Tools. Fare doppio clic sulla vista origine dati dopo aver espanso la cartella Viste origine dati in Esplora soluzioni.

Quante origini dati SQL vengono create?

Accedi a Strumenti di amministrazione dal Pannello di controllo, quindi scegli tra Origini dati ODBC (64 bit) e Origini dati ODBC (32 bit). Puoi anche eseguire odbcad32.exe. Fare clic su Aggiungi dopo aver selezionato la scheda DSN utente, DSN macchina o DSN su file. Fare clic su Fine dopo aver selezionato SQL Server.

SELECT istruzione in SQL Server.

Usando terminologia ed esempi, questa lezione di SQL Server illustra come usare il comando SELECT in Transact-SQL.

Descrizione

Per recuperare i dati da una o più righe in un database di SQL Server, utilizzare il comando SELECT in SQL Server (Transact-SQL).

sintassi

La sintassi di base dell'istruzione SELECT di SQL Server (Transact-SQL) è la seguente:

Istruzioni SELECT FROM tabelle [WHERE vincoli];
Tuttavia, per SQL Server (Transact-SQL), la sintassi completa della query SELECT è:

Seleziona "TUTTO | SINGOLO"
[/TOP (valore superiore) [%] espressioni di tabella [WITH LOOPS]
[DOVE circostanze]
Le espressioni sono raggruppate per.
(CONDIZIONALE)

[ORDINA PER FORMULA] ; [ASC | DESCRIZIONE]

Clausola WHERE in SQL

La clausola WHERE in SQL
I record possono essere filtrati utilizzando la clausola WHERE.

Il suo scopo è quello di estrarre solo i record che soddisfano un requisito specifico.

SELECT colonna1, colonna2,... FROM nometabella WHERE

condizione; Nota: la clausola WHERE viene utilizzata nei comandi UPDATE, DELETE, ecc. così come nelle istruzioni SELECT!

mostra banca dati
Di seguito sono riportati alcuni esempi della tabella Customers nel database di esempio Northwind:

ID cliente Nome cliente Nome contatto Indirizzo Città Codice postale Paese 1

The Futterkiste, Alfred57 Maria Anders Obere Str., Berlin, Germany, 12209 Sandwiches and Helados di Ana TrujilloAna Trujillo Avenue of the Constitution 2222 Messico, DF 05021 MessicoJonathan Moreno TaqueraMessico 4 Antonio Moreno Mataderos 2312 Messico DF 05023

From Horn to Horn120 Hanover Square, London, WA1 1DP, Regno UnitoBerglunds Quick RentalsBerguvsvägen 8 Christina Berglund/.

Operatori della clausola WHERE

La clausola WHERE supporta l'uso dei seguenti operatori:

Operatore Descrizione Esempio = Uguale a > Maggiore di Minore di >= Maggiore di o uguale a = Minore di o uguale a > Diverso da. Nota: questo operatore può essere scritto come segue: in diverse versioni di SQL.= BETWEEN In un intervallo specificato

AS Corrisponde a un modello IN per denotare i valori potenziali di una colonna in modi diversi.

CAS per SQL Server

Semplice espressione CASE per SQL Server

La sintassi di base dell'espressione CASE è mostrata di seguito:

Una voce CAS
WHEN in THEN rn, quindi e1, THEN r1, quindi e2, THEN r2, ecc.
ALTRIMENTI re] FINE
L'espressione CASE semplice determina se un'espressione (ei) in ciascuna clausola WHEN e l'espressione di input (input) sono equivalenti. Il risultato (ri) nella clausola THEN corrispondente viene restituito se l'espressione di input corrisponde a un'espressione (ei) nella clausola WHEN.

L'espressione CASE restituisce il valore della clausola ELSE (re) se l'espressione di input non corrisponde a nessun'altra espressione, purché la clausola ELSE sia disponibile.

L'espressione CASE restituisce NULL se la clausola ELSE viene omessa e l'espressione di input non corrisponde ad alcuna espressione nella clausola WHEN.

Spiegare i tipi SQL JOINS con esempi

CONNETTI le basi

I dati vengono archiviati in più tabelle unite da un valore chiave comune in database relazionali come SQL Server, MySQL e Oracle, tra gli altri. Quindi a volte è necessario riepilogare i dati da un numero qualsiasi di tabelle in una tabella dei risultati. La clausola SQL JOIN in SQL Server lo semplifica.

In base alle connessioni logiche tra le tabelle, la frase JOIN SQL viene utilizzata per recuperare ed eseguire query sui dati da tabelle diverse.

In altre parole, JOINS specifica come un server SQL dovrebbe selezionare le voci da un altro database in base alle informazioni provenienti da un'altra fonte.

Esistono diversi tipi di JOIN in SQL Server, inclusi INNER JOIN, LEFT OUTER JOIN, RIGHT OUTER JOIN, SELF JOIN e CROSS JOIN.

Tipi di join SQL semplici

Uno dei molti tipi di join offerti da SQL Server è INNER JOIN, Internal JOIN, Crossover JOIN e OUTER JOIN. Infatti, ogni tipo di join descrive come due tabelle vengono unite in una query. Altre sottocategorie di outer join sono FULL OUTER JOINS, RIGHT OUTER JOINS e LEFT OUTER JOINS.

- La funzione SQL INNER JOIN unisce i record di due o più tabelle con valori corrispondenti per creare una tabella dei risultati.

- Una query LEFT OUTER JOIN include elementi senza corrispondenza dalla tabella specificata prima della clausola LEFT OUTER JOIN nella tabella restituita.

- La tabella dei risultati prodotta da SQL RIGHT OUTER JOIN contiene tutti i dati della tabella di destra e solo le righe accettate della tabella di sinistra.

- Unendo la stessa tabella con se stessa, la procedura SQL SELF JOIN consente un confronto riga per riga all'interno della stessa tabella.

- La procedura SQL CROSS JOIN crea una tabella dei risultati che contiene coppie corrispondenti per ogni voce nella prima tabella e ogni riga nella seconda tabella.

GIUNTURA

I dati di entrambe le tabelle vengono recuperati utilizzando il comando INNER JOIN, che restituisce solo record o righe con valori corrispondenti.

Nel nostro esempio, vogliamo ottenere i dati sulle vendite. Le tabelle Production e SalesOrderDetail.Product che utilizzano SOD per Sales come alias per i dettagli degli ordini di produzione e di vendita. Prodotto. Confrontiamo i record di queste colonne nell'istruzione JOIN. Si noti come SQL Complete gestisce i consigli sul codice.

Esplorazione e aggregazione dei dati di SQL Server.

problema

Quando si elaborano i dati relativi alle transazioni archiviati in SQL Server usando R per il ragionamento statistico, l'esplorazione e l'aggregazione dei dati sono due componenti fondamentali. L'esplorazione dei dati utilizzando linguaggi di data science come R spesso implica il filtraggio, il riordino, la trasformazione, l'aggregazione e la visualizzazione dei dati. Ci sono molti modi per implementare queste funzioni. L'elaborazione dei dati in particolare richiede spesso l'uso di molte librerie, il che richiede agli sviluppatori di imparare tutte queste librerie. Se esistesse un pacchetto flessibile in grado di agire come un coltellino svizzero ed eseguire molte funzioni di trasformazione dei dati nella stessa libreria, sarebbe più facile per gli sviluppatori nuovi alla scienza dei dati svolgere il proprio lavoro. Puoi trovare informazioni dettagliate su tale pacchetto in questa guida in due parti.

Soluzione

Le iniziative di data science possono trarre grandi vantaggi dalle numerose opzioni di manipolazione dei dati offerte dal pacchetto dplyr R. Contiene una serie di verbi utili per la pulizia, l'organizzazione, la visualizzazione e l'analisi dei dati. Per eseguire tali attività, è possibile utilizzare il pacchetto dplyr del linguaggio di programmazione R. Quando si ha a che fare con insiemi di dati di grandi dimensioni, non è consigliabile archiviarli in R; Invece, i dati devono essere raccolti in SQL Server ed elaborati con uno strumento R come dplyr.

descrivere

l'esplorazione, la manipolazione e la visualizzazione dei dati di base. Utilizzando SQL Server e R, esamineremo varie funzioni di gestione dei dati di dplyr.

La configurazione iniziale, la configurazione dei dati, la configurazione di R in SQL Server e le funzioni di selezione, filtraggio e mescolamento dei dati di base abilitate dal pacchetto dplyr sono trattate nella parte 1 di questa serie.

Nella parte 2, impareremo alcuni dei metodi dplyr più complessi, tra cui l'aggregazione dei dati, il concatenamento di funzioni e la mappatura di data mining di base.

Riepilogo delle funzionalità della finestra SQL di Windows SQL Server

Una singola riga di output viene creata combinando i calcoli di più righe di output utilizzando funzioni di aggregazione.

La funzione di aggregazione SUM() viene utilizzata nella query seguente per ottenere la retribuzione totale di tutti i dipendenti dell'azienda:

Il linguaggio di programmazione SQL (Structured Query Language) viene utilizzato per selezionare SUM(salario) sum_salario FROM Workers.

Questo è quello che è successo:

Ogni riga nella tabella di lavoro è stata unita in un'unica riga, come si può vedere nell'output.

Una funzione finestra esegue calcoli su un insieme di righe, come una funzione aggregata. Tuttavia , la combinazione di più righe di output in una non avviene quando si utilizza una funzione finestra.

La funzione finestra SUM() viene utilizzata nella query seguente. Oltre alle retribuzioni di ogni singolo dipendente, viene determinata anche la retribuzione complessiva di tutti i dipendenti:

FOR nome, cognome, stipendio e somma_stipendio FROM lavoratore; SOMMA(stipendio) OVER();

Sintassi della funzione della finestra SQL

Le funzioni della finestra hanno la seguente sintassi:

Structured Query Language (SQL) viene utilizzato nelle espressioni dei nomi delle funzioni di Windows OVER (frame_clause, order_clause e partition_clause).

nome della funzione della finestra

il nome di una funzione della finestra disponibile, ad es. B. SUM(), ROW_NUMBER() o RANK().

Espressione

la colonna o l'espressione di destinazione su cui opera la funzione finestra.

frase completa

L'ordine delle righe in una partizione è specificato dalla clausola OVER, che definisce le partizioni di finestre per creare i rowgroup. Le clausole divide, order e frame formano la clausola OVER.

La clausola di partizione che divide le righe usa la funzione window. La sua sintassi è la seguente:

L'intero set di dati viene considerato una singola partizione se la clausola SPLIT BY viene omessa. BY expr1, expr2, PARTITION BY... è SQL o linguaggio di query strutturato, linguaggio codificato.

Le righe di una partitura a cui è applicata la funzione finestra sono elencate nella clausola order:

DESCRIVERE PER FORMULA Il linguaggio di interrogazione strutturato, "[ASC|DESC]," [NULL LAST|NULL FIRST] è un linguaggio di programmazione.
Un elemento di questa partizione è una cornice. Per definire il frame viene utilizzata una delle seguenti sintassi:

Righe Frame_start tra Frame_Start e Frame_End in ARRAY | SPAZIO DI SERIE | LINEE
Il linguaggio di programmazione utilizzato è Structured Query Language (SQL) e frame_start può assumere uno dei seguenti valori:

N PRIOR UNBINDED PREVIOUS è la riga attualmente in uso.

La fine del frame è uno dei seguenti parametri nel linguaggio di programmazione SQL (Structured Query Language):

UNA RIGA DOPO N CONTINUA NON HA CONFINI.

Operazioni con data SQL Date SQL

Finché i tuoi dati contengono solo il componente data, le tue query si comporteranno come previsto. Ma quando aggiungi un elemento temporale, diventa più difficile.

Tipi di dati data SQL

MySQL fornisce i seguenti tipi di informazioni per memorizzare una data o un'ora e un valore di posizione in un database:

Il formato della data è AAAA-MM-GG.

Il formato dell'ora per le date è HH:MI:SS AAAA-MM-GG.

TIMESTAMP - Stile: HH:MI:SS ANNO AA o AAAA-MM-GG

Per archiviare un valore di data o ora nel database, SQL Server fornisce i seguenti tipi di dati:

Il formato della data è AAAA-MM-GG.

Il formato dell'ora per le date è HH:MI:SS AAAA-MM-GG.

Il formato TIMESTAMP per SMALLDATETIME è HH:MI:SS YYYY-MM-DD, che è un singolo numero intero.

Ricorda: i tipi di data vengono scelti per una colonna quando crei una nuova tabella nel tuo database!

Utilizzo delle date in SQL
Guarda la tabella qui sotto:

Tabella ordini 1 ID ordine Nome prodotto Data ordine 2008-11-11 Geitost
09/11/2008 Pierrot 2 Camembert Mascarpone 29/10/2008 3 Mozzarella di Giovanni 11/11/2008 3 Fabioli

Python Exploratory Data Analysis (EDA) con SQL

L'analisi esplorativa dei dati (EDA) utilizza grafici statistici insieme a metodi di rappresentazione dei dati aggiuntivi per analizzare i set di dati ed evidenziare le loro proprietà chiave. L'EDA viene in genere utilizzato per esaminare ciò che i dati ci dicono al di là dei modelli ufficiali o dei test di ipotesi, ma altri modelli statistici possono essere utilizzati o meno.

beh, sempre...

Articolo

I dati Fitbit vengono accuratamente esaminati. I risultati più importanti sono evidenziati e discussi. Per lo studio presentato qui, sono stati raccolti 940 punti dati da 33 diversi utenti.

Mentre leggi questo articolo, voglio che tu capisca la logica e la mentalità alla base della scrittura del codice.

Innanzitutto, mappiamo i minuti e le miglia in base al livello di attività di ogni persona per avere una panoramica del suo stile di vita.

Perché dovrei fare un EDA?
Penso che una query migliore sarebbe:

Quando non vorresti usare EDA?

L'EDA è uno dei passaggi più importanti nella scienza dei dati e ci consente di ottenere informazioni specifiche e misure statistiche dai dati con cui stiamo lavorando. Per un elenco illimitato di utenti come manager aziendali, stakeholder, data scientist, ecc., questo è fondamentale.

EDA aiuta i data scientist a definire e perfezionare la selezione delle variabili delle funzionalità critiche utilizzate nel modello di machine learning non addestrato.

Useremo alcuni dati FitBit in questa storia per illustrare il nostro punto.

Data scientist, statistici, medici, fisiologi e psicologi, per citare alcuni campi della ricerca accademica, sono interessati a studiare i dati del fitness tracker. Trovare correlazioni in dati di serie temporali complesse come FitBit Fitness Tracker può aiutare a individuare le tendenze nella vita di tutti i giorni, nonché le deviazioni da tali schemi.

Come utilizzare SQL per l'analisi dei dati?

- Formazione SQL per la scienza dei dati
- Nozioni di base su SQL nella fase 1. Leggerai i database e analizzerai i dati in base al tuo caso d'uso come data scientist.
- Aggregazioni nel passaggio 2.
- Passaggio 3: ordina e raggruppa.
- Fase quattro: unisciti.
- Quinto passaggio: sottoquery.

- Passaggio 6: utilizzare SQL per risolvere i problemi aziendali.
- Le funzioni della finestra sono il settimo passo.

DOVE dovrei esercitarmi in query SQL complesse?

Un corso completo sulle funzioni delle finestre con oltre 200 esercizi interattivi è disponibile su LearnSQL.com. Funziona con MS SQL Server, MySQL 8 e PostgreSQL.

Cosa fanno le query SQL sofisticate?

LearnSQL.com - Che cos'è SQL avanzato?

In base a questa risposta, la selezione delle colonne, le funzioni di aggregazione come MIN() e MAX(), l'istruzione CASE WHEN,

JOINS, la clausola WHERE, GROUP BY, l'impostazione delle variabili e le sottoquery sono tutte coperte da Advanced SQL. Tuttavia, la risposta seguente classifica la maggior parte di queste materie come elementari o al massimo intermedie.

Come posso rendere più efficienti le mie complicate query SQL?

È necessario ottimizzare le query in modo che abbiano il minimo impatto negativo sulle prestazioni del database.

Innanzitutto, determinare le esigenze aziendali.

Invece di usare SELECT *, usa i campi SELECT....

Evitare di utilizzare SELECT DISTINCT.

Crea join con INNER JOIN invece di WHERE.

Invece di usare HAVING per creare filtri, usa WHERE.

I caratteri jolly devono essere utilizzati solo alla fine delle frasi.

Utilizzo di SQL per creare un modello di machine learning (ML).

SQL supporta l'apprendimento automatico?

Apprendimento automatico con SQL

SQL semplifica il caricamento, la pulizia, l'ispezione e il recupero dei record di relazione comuni ai record. Quindi, sia che tu stia configurando una nuova rete di apprendimento o lavorando su ETL per un sistema esistente, SQL è uno strumento utile e un componente cruciale dell'apprendimento automatico.

Quanti record vengono creati utilizzando SQL?

1. Indossare
2. Nella pagina Libreria, fare clic su Importa dati.
3. Nella schermata Importa dati selezionare una connessione.
4. Individua la tabella che desideri importare dalla tua fonte.
5. Per esaminare le colonne nel set di dati, fare clic sul pulsante Anteprima.
6. Fare clic sul pulsante Crea record utilizzando SQL.
7. Il campo a destra ora contiene il font modificato.

Come si crea un set di dati per l'analisi?

Nel pannello dati SAP, fare clic sull'icona Business Creator. Quindi selezionare "Nuovo set di dati analitici". Selezionare l'unità di dati che si desidera utilizzare per questo record. Fare clic sull'entità che si desidera utilizzare o utilizzare la barra di ricerca superiore della finestra popup per cercarla.

Come si crea un set di dati per l'analisi?

Nel pannello dati SAP, fare clic sull'icona Business Builder. Quindi selezionare "Nuovo set di dati analitici". Selezionare l'unità di dati che si desidera utilizzare per questo record. Fare clic sull'entità che si desidera utilizzare o utilizzare la barra di ricerca superiore della finestra popup per cercarla.

Come possono essere modificati i dati in SQL?

Utilizzo di SQL Server Management Studio

Per recuperare le righe che si desidera modificare, potrebbe essere necessario modificare l'istruzione SELECT nel pannello SQL. Nella finestra dei risultati, trova la riga che deve essere modificata o eliminata. Fare clic con il pulsante destro del mouse sulla riga e scegliere Elimina per eliminarla. Modifica i dati della colonna per apportare modifiche a uno o più dati della colonna.

Cosa significa modificare i dati SQL?

La modifica dei dati è fondamentalmente diversa dalla

ricerca dei dati. L'esame del contenuto delle tabelle è un passaggio necessario nell'interrogazione dei dati. Per adattare i dati, il contenuto della tabella deve essere modificato. Modifica i dati nel tuo database. sottrarre righe.

www.ingramcontent.com/pod-product-compliance
Lightning Source LLC
Chambersburg PA
CBHW060855260726

48661CB00008B/3273